não tatuo nomes
Samara Belchior

cacha
lote

não tatuo nomes

Samara Belchior

mas dedico poemas

Prefácio, por Dheyne de Souza 11

PARA ELAS / DENTRO DE CASA / NA RUA / NA FLORESTA

NO PAPEL DE PAREDE AMARELO 19

ÁTRIO 20

ETÉREONORMATIVIDADE 21

CHÁ COM AS AMIGAS 22

INTERCÂMBIO 23

LIFE IMITATES ART 24

12 DE OUTUBRO 25

BARRADAS NO BAILE 26

UM CORPO NO MUNDO 28

DESNOME 30

MATA 31

PARA / A TERAPEUTA

PATHOS 35

DIMETILTRIPTAMINA 36

DESEJO ESSA COISA PEQUENA 37

A GENTE NASCE PORQUE TEM QUE NASCER 38

INSÔNIA 39

JURO POR TODAS AS SANTAS COISAS 40

TER RAÍZES DISPENSA FÉ 41

SECA	42
LUZIA	43

PARA / ELES / QUANDO / LEREM / SABERÃO

NÃO TATUO NOMES	47
EXISTENCIAL	48
CENA UM.	49
PARECE QUE VOCÊ PROCURA	51
ME ENCURRALA TEU SILÊNCIO	52
VOCÊ QUIETO	53
ESCUTA INATIVA	54
AUSTRALOPITHECUS	55
CONSPIRATÓRIA	57
NÃO ME DÁ UM COPO D'ÁGUA	58
KALI	59
AMOR DE GUERRA	60
VESÚVIO	61
VIRGEM	62

PARA / OS BICHOS

CANÇÃO DE BASTET	69
PATAS UNHAS PRESAS E RABOS	70
LEVANTAR DA CAMA SE PARECE COM OUVIR	71

PEIXE DORME	72
ERRO	73

PARA / A PALAVRA-CORPO

A FALHA	77
PIGMENTA	78
VER UMA PÁGINA EM BRANCO	79
ISTO É UMA	80
ADICTA	81
RESOLUÇÃO DO MISTÉRIO DO PLANETA	82
SUPÕE-SE	83
DE CARNE	84
ÉDEN II	85
DORME, PEQUENA	86
[LEVANTAR E DEITAR,]	87

PARA / DAR / A QUEM DESEJAR

CONVITE	91

PREFÁCIO

por *dheyne de souza*

Escrever sobre *não tatuo nomes* é como contrariar o mote do livro e, ainda, contradizer a liberdade impregnada nos versos, na filosofia de Samara Belchior nessa poética que, em golpes, desnuda-nos. Afinal, quem dirá que não sobrevivemos de negações, impressões e ilusões dos próprios sentidos?

não tatuo nomes escava mais: não é sobre qualquer corpo. A dedicatória, advertida, declara a quem, em que tempo e a quais espaços se destinam as afiadas linhas. O livro de poemas está organizado em seis partes.

Em "*para elas / dentro de casa / na rua / na floresta*", *não tatuo nomes* imprime a luta no verso da queda, a audácia na ponta da tinta, a coragem de ser *para elas*, "outras minhas", em qualquer parte – em um mundo que até hoje "arde" –, que "toda casa / é a mesma mulher", que "corpo de mulher é sintoma". A ideia de uma cultura já há tanto tempo desbotada, desgastada e desigual traz convites ao movimento da linguagem na poesia de Samara Belchior. Às vezes corre dentro, como a asa dentro da casa. Ou descostura, como "etéreonormatividade". Às vezes belisca o real, como em "átrio". E comunga enquanto convida a gente a ler quantas somos, como em "desnome".

É desse tipo de filosofia que *não tatuo nomes* também trata, envolver o verso à prática. Não é essa uma das formas com que a arte incita a vida? "falávamos de performar a / mulher que já somos / imitar nossa fúria", "o trauma do acidente".

"*para / a terapeuta*" embebe a língua em movimentos que seduzem, para nos entregar novamente ao insaciável "não sentir o gosto de si". E ao medo (desejo?) de não viver (escrever?) a morte. Nascimento e morte dançam – trocando os próprios passos, talvez em busca de um compasso entre a liberdade de uma criança e a guerra, esse estado de poder.

Em "*para / eles / quando / lerem / saberão*", sentimos as faíscas de uma poética carne-existencial ao passo que desconfiamos de cansaços lentos e equilibristas. Há também transbordamentos, resistências; principalmente sedes, entrelinhas impetuosas. "do amor / o maior dos órgãos".

"*para / os bichos*" aproxima carne, língua, instinto e falhas. "*para / a palavra-corpo*" grita paisagens gráficas, metassuposições, dublando, além do sol, a palavra dobrada.

"*para / dar / a quem desejar*" realça a experiência de estar nu diante de *não tatuo nomes*. O leitor é acolhido dentro dos versos, compreendido, também ameaçado, "o que é um poema para você?". Seduzido a apropriar-se do poema, sentar à beira, conduzir a travessia, aprofundar-se.

Samara Belchior apresenta uma filosofia de gozo-em-ferida em *não tatuo nomes* – são os gumes da liberdade. E um desafio ao leitor: Quem sabe que tatuagem essa palavra nega em teu corpo?

ela é o papel
ela é o corredor

—

Dheyne de Souza escreve. É goiana. Publicou poesia em *lâminas* (Martelo, 2020). Seu primeiro romance está no prelo, pela Editora Aboio. É doutora em Literatura Brasileira pela Universidade de São Paulo.

para elas
dentro de casa
na rua
na floresta

NO PAPEL DE PAREDE AMARELO

a mulher enlouquece
ela é o papel
ela é o corredor

encontrou o corretor
pra ir saindo da casa
achando asa pra mudar

mas acontece neste quadro
da mulher, sem querer parede,
não saber sabendo
que toda casa
é a mesma mulher

fernanda fala da limpeza das frestas
sinto seu perfume
é veja

ETÉREONORMATIVIDADE

dama se faz
de espinhos cultiva
em casa flores áridas
forja-se sem pele de sede
na terra finge os cactos
    não precisam de tanta água assim

janela a janela margaret vê dama
haja vontade de tê-la
pôr-lhe paetês
    deixa isso pra lá
tem coisa mais a se customizar
que o amor

mal sabe:
dama planta sua
própria solidão,
finge ela e margaret juntas
conta às plantas contos
de estilhaçar a vidraça
impossíveis
de acontecer

dama só suturas
margaret suja o cristalino
com lantejoulas

bebemos cerveja

INTERCÂMBIO

                                        rua
                                      ônibus
                               linha vermelha
                               linha amarela
                                      ônibus
                                        rua
                                       ↓ ↑

eu não ia mesmo sair de casa
fazia uns quarenta graus no asfalto
eu não ia de jeito nenhum
o protetor solar derrete
cai dentro do meu olho
me faz parecer chorona
eu disse que eu não ia sair
que eu morro mas não saio
por não saber fazer silêncio
e ficar perguntando nesse dia lascado
de quente o que você acha do silêncio
e ficar me perguntando
por que eu tenho que pingar e não saber ficar em silêncio
no dia da sua missão kamikaze na minha casa
eu fico aqui mesmo eu disse vai lá
mas no cair das horas menos ensolaradas
que eram agora acúmulo do dia nos prédios
eu decidi ser kamikaze
também

LIFE IMITATES ART

quando sentamos na mesa
aquela da calçada da praça
a do centro
na linha vermelha
onde eu tomei a cerveja do rótulo de sangue
enquanto falávamos do vazio
e também sobre as nossas mães
você me mostrou a parte lateral da sua mão
com uma letra cursiva
uma frase em inglês
foi útil naquele momento
eu ter aprendido essa língua
falávamos de performar a
mulher que já somos
imitar nossa fúria
lamber o mundo

12 DE OUTUBRO

a santa sai das águas
a santa de dentro está seca
olhando pela janela
com olhos sulcos
-invejam o rio, não a santa molhada-

é noite, então, (neste parágrafo)
a santa das águas secou
a da noite aparelha molhar-se

nas noites desse país tropical
ânimo é fácil pra dançar e beber
numa calçada qualquer
girar ao próprio redor

hoje a noite é quente
mas talvez ser professora
transtorne o rolê
hoje a noite é quente
mas talvez ser
transtorne o rolê
hoje a noite é quente
mas talvez ser esposa
transtorne o rolê
hoje a noite é quente
mas talvez ser
transtorne o rolê
hoje a noite é quente
mas talvez ser sem bordas
transtorne o rolê
hoje a noite é quente
mas talvez ser
transtorne o rolê

girar ao próprio redor parece barra
talvez a criança menina pequena
não soube aprender
a contornar o rolê

UM CORPO NO MUNDO

cansa
um corpo
de mulher no mundo
cansa
causa de cisto
causa de mioma
causa de nódulo
é corpo de rotina
de calo
cabelo cai
risco transversal na retina
entupimento
loja de cosméticos
boceta ninfa
corpo de mulher é sintoma
ninfoplastia
malquista a gritaria de parir
corpo de cisto
causa de corpo
é experiência
de estar
no olho do cu
do mundo
de cristo
do puto português

que veio a que veio
fuder o umbigo
das outras minhas
cansadas do
corpo que bota corpo
no meio dum nada
sem direito
a nome
um corpo no mundo é coisa
insignificável
um corpo
de mulher
um corpo de mulheres
no mundo
arde

> *As coisas perdidas ou inalcançadas*
> *foram as únicas que possuí*
> Maura Lopes Cançado

eu sou uma data
vasculho o interior dos tempos
em busca desse calendário

eu sou   stella do patrocínio
clarice lispector
maura lopes cançado

sou uma terra   a pá
e a escavante
o artefato
a semente
regada das minhas mães
sou solo e indecisão

sou a reta que encurvou na batida
o trauma do acidente

                               a desorientação

eu sou a gagueira e a palavra nova que sibila
o defeito e   o espelho

MATA

à noite
cheira e sua
nome de mulher

na cachoeira
    os bichos
náo vou
    vou lá
lisa
no pegajoso
    a água leva
banha
os meus bichos

na falta do sol um céu
na falta   o som

náo há silêncio na selva
na
    pedra ensebada
no
    cabelo córrego
na
    escama
no
    musgo de iara

*para
a terapeuta*

PATHOS

passar a vida
fazendo amor com objetos
no silêncio deles gritar
      fale
na fala deles gritar
   deixa eu falar

ter o hábito de sofrer
a falta de
carne da mesma carne
arrancar e comer pedaços próprios
sem saciedade

tocar a língua
na geografia da
língua do objeto
    ainda aí
não sentir o gosto de si

medo de não escrever a morte. vai: não houver papel suporte digital dedos voz. deve ser o motivo de tanto eu ficar criando prolongando aumentando pra dois três atos a ópera. você me viu girando no corredor de casa e eu respondi: estava pensando na minha morte. dizem que quando nasce a criança morre a primeira vez. se quando eu morrer for um nascimento, precisa registrar. se quando eu morrer for a segunda vez que a criança morre, precisa registrar. medo de ficar tendo a sensação e não poder contar. vai, nem que fosse um haicai.

desejo essa coisa pequena
dançar
com a cabeça e as pernas
de uma criança

38   a gente nasce porque tem que nascer
        a gente vive onde vive
        se for na guerra o corpo treme

INSÔNIA

de madrugada o som é
pobre fora
   se na boca do esôfago
na pressão arterial
na rotação adentro
tudo é som
   quando a geladeira para
-ouve bem-
algo apita

40   juro por todas as santas coisas
sem distinguir com exatidão
que coisa é a santidade
na profissão de fé estou mais
para um dente-de-leão
tão
terrena quanto distante do solo

ter raízes dispensa fé
se é quando acontece

SECA

depois de um tempo você não sente mais sede
coloca um punhado de sal na língua e percebe derreter
come doces e eles derretem também porque você não se deu ao
trabalho de mastigar
       não é nos dentes que a sede vem
por isso é preciso deixar tudo terminar no músculo
       ainda nenhuma sede própria se forma, nenhuma sede infantil
nenhum tentáculo da língua polvo sente sede

depois de um tempo você começa a beber água por causa da saliva
acumulada na cavidade
então começa a dizer *beba sem sede*
bebe outras coisas saborizadas de frutas, grãos,
    álcool
      a sede parece aparecer
e você consome toda água potável possível:
uma criança depois do pega-pega, pra quem o tio da padaria diria
água de torneira
então você descobriu
      ressaca é uma forma de sentir sede
              derreter
              grudar nas próprias ventosas

depois de um tempo você não sente mais sede

dói o próprio nascimento
se não se pode lembrar o primeiro
choro?

*para
eles
quando
lerem
saberão*

NÃO TATUO NOMES

essa experiência da
massa do teu corpo
    tão individuada
tenho essa mania de processar por milênios
uma mesma coisa   por toda vez ser
outra

48   EXISTENCIAL

gosto dos
bicos dos seios tesos
no teu oral

digo
queria não ter nascido *at all*
    mas eu teria me privado da tua boca

cena um.

fala de vez em
quando disparado
conta as mesmas histórias

cena dois.

aparece na porta
do quarto
tem olhos de bola de gude,
braços estendidos longe das coxas,
distância para manter os dedos grudados às palmas
beiços unidos esborrifam respiração

(é que ele não sabe
onde está o coador)

cena três. a câmera roda, passa nele
para nela:

então tenho olhos esbugalhados
também
e medo,
antes de saber que era só
ele retumbando ódio
de coisas de cozinha

50   e seus lugares vagos
      nos armários

parece que você procura
um ponto acima da minha cabeça
um abaixo dos meus pés
.

.

cansa tentar caber aí

52   me encurrala teu silêncio
sempre estrondo
em minhas paredes

VOCÊ QUIETO

teu pensamento
recrio nas minhas cordas mentais
produzo meu beat independente
uma roda de
bate cabeça

neste espaço   cosmogonia sua
coisas tão minhas
se criam
que forjo medo
de andar por aí
sem ausculta
se   parei por muito tempo
na frente da macieira
        quantas comi
se   o diabo esteve
presente
se cantamos Queen

você não sabe perguntar

AUSTRALOPITHECUS

isto não é uma dança
é o ringue dos tempos
    meus pés com meias

por que você não dá seu
céu?

quando subi
me sustentei nas linhas
pra não te ferir
    fiz bailarina
tentando equilibrar
meu ponto

você luta
com o quadril
até quando o ponto é meu

quando você subiu
desviei
mordi teus beiços
segurei de novo
e de novo

na selva da língua

contra língua
foi um nocaute
você por cima
eu morangos

CONSPIRATÓRIA

certos pontos de interferência
certos traços artificiais
        sinto-os entre nós
como se fizéssemos uma alunissagem (certo estranhamento
pela ausência do vento na superfície)

não sei se isto é do amor
se isto se refere às crateras e seu
certo formato anatômico onde cabe
        teu corpo

NÃO ME DÁ UM COPO D'ÁGUA

uma hora o homem não está
a hora que o seio rompe
que a boca estoura
que nego um óvulo

agora, quando digo que me pertenço
e deito minhas peças
em ambientes espaçosos
o homem não acha que pode me reunir
mas não me deixa espalhar
    não me dá um copo d'água

KALI

amanhã
se formos passear entre
sentidos difíceis
tire a armadura e lembre-se
sou do tipo que fere

é infantil querer tirar você do seu trabalho
querer fugir com você até não ter mais como não voltar
é infantil querer dançar na rua, sem chuva, com chuva
querer beijar até arder
querer só dar as mãos
querer tocar o dedo na ponta do vulcão
é infantil querer desenhar, apagar, desenhar
querer morar numa casa de árvore
é infantil querer te dar
um teatro de sombras na casa da árvore
querer costurar bonecos de teatro de sombra
te fazer um espetáculo com bonecos dentro da casa árvore
é infantil querer repetir tantas vezes casa, árvore
é infantil querer
é adulto morrer
adultos não sabem desejar

VESÚVIO

deitada de bruços na prosa, acima vejo a textura dos seus dentes, e os lambo feito se lambesse seu dentro. nossas bocas ocos entreabertos desprotegem a circulação sanguínea. não estamos em silêncio, somos infrassons. somos infratores. somos cada um, no entorno da cavidade do outro. como pode haver tanta delicadeza no fogo?

VIRGEM

1.
há uma dimensão imensa do amor
o maior dos órgãos

não se invoca eros
    já morador da boca
        primeiro elo com a pele

2.
no primeiro mantive a boca aberta
no segundo tentei mover
no terceiro e no quarto e no quinto
tive medo que chupasse minha língua
e quando aconteceu eu tive mais medo
pelo tanto de desejo e saliva

3.
a igreja proibia
o que eros dizia em sussurro
sobre nossos sentidos primeiros
quando éramos água em nossas mães

a culpa vinha na hora em que te via
tocando guitarra com seus enormes dedos
e eu cantava fazendo Ó
em cima do altar

a culpa vinha
na imagem reorganizando o tempo
as nossas silhuetas
    eu templo e oferenda

4.
desperdicei meu corpo fresco
esperando os fins de culto
esperando o casamento
e um sobrenome

em fim de culto nenhum
eu fui deusa

não houve cerimônia
    se me aproximava da possessão
trêmula, disfarçadamente trêmula
me lembravam do corpo ser pecado
me roubavam do transe   da transa
embora as roupas já encharcadas

5.
uma mocinha consegue um bom marido
segurando a periquita

alimente a oração
medite na palavra

eu segurava a periquita
segurando em oração a mão dos dedos grandes

deus confirma esse varão
mas não antes do oral
e abençõe estes dedos

*para
os bichos*

CANÇÃO DE BASTET

apronta-te
apontam duas orelhas
os olhos finos de dia e os globos
cheios de noite

somos grânulos

na ausência do sol congelamos
torramos a areia com ele

apronta-te para a esfinge
parte humana e um quanto
felina

nos cabe agora a imagem
mais olhos
   serva a língua
              tange a orla dos lábios
lambe a razão
a amacia, canta, nina
desarma e evidencia alfa

apronta-te para dormir o alfabeto
acorda o signo
tão primitivo   tanto moderno

70 patas unhas presas e rabos
asas bicos sonares
barbatanas celuloses
de água também são feitas as mãos
de mãos são feitas as armas
desfeitas as matas os ares os mares
malditos polegares
opositores

levantar da cama se parece com ouvir
a música da mordida do mamilo. a voragem da
vida
se alimenta do gemido. na viragem remoinho
coragem. a
intenção:
fingir ser um humano brincando de bicho.

é bicho! entender que é bicho, fazer cara de humano que sabe que é
bicho
um bichão potentíssimo, a vertigem começa na ponta da língua
sobre o mamilo. o
mamilo:
incha na língua. o inchaço é prólogo da mordida, já sim, os acordes
começaram.

72   peixe dorme
de olho aberto pelo
incerto da manhã

ERRO

da metamorfose
que não serve senão na selva
vê-se por que esses de raio são tantos

o preto é só olhos no escuro
    (tão difícil anotar!)

   quase te falam
aquela primeira **palavra** que diriam
    cabe um amor imenso nos limites da falta de léxico
               espaços
               piscadelas
               seixos

       não se deve tentar
poemas sobre gatos

para
a palavra-corpo

a falha
EDEMA
pode ser
EDEMA
excesso
EDEMA
um estufado
EDEMA
ausência
EDEMA
de espaço
EDEMA

PIGMENTA

apenas o rosto humano cora
no dilatar das bochechas

uma cor cobiçada assim
só sendo

o dentro a verter
incontido

        nas pontas
        nas ostras dos lábios
        nas esquinas

no desejo de avesso
ponto exato pro tato

ver uma página em branco
verte vontades
   as margens
ordenando serem ultrapassadas
   a coisa primitiva nascendo
vezes e mais vezes
versada em querer ser língua

isto é **uma**
rua
nela
vagueia   de veias expostas chorando abcessos espetando agulhas
nua
mas
mais   vestida que quando nasceu

ADICTA

tempos bons eram do vício em poesia
agora perdi os dedos
um pouco pra tela do jogo
um tanto pro pano de chão
um outro pro alho e cebola
um quanto mudando os canais

RESOLUÇÃO DO MISTÉRIO DO PLANETA

caminhar ao redor da vida
caminhada analógica

dentes, quadris, rótulas contam uma história

após os trinta
a matéria se revela
sejam lábios dominantes, olhos recessivos

mas o rasgo começa
quando as células se dividem
    deixam enigmas sobre amor

é desse clichê que é feita a matéria
    um doer e buscar contínuo que as crianças
já apalparam, antes mesmo de nascerem

SUPÕE-SE

o corpo do avesso
ser a parte de dentro

DE CARNE

no centro da palma nasceu
uma flor
a mão estremeceu a dor de parir
sorriu nos dias as pétalas, sofreu
nos meses ficar estendida
ao dar de sobreviver linhas
   a cigana sob o sol, não leu
pariu tabém o susto

ÉDEN II

sem propósito
ou
direção, vagueante nos âmbitos

formam-se nos ombros
                montan   nhazinhas
brinquedo de areia
promessa de abandono dos tempos preenchidos por praia

lugar para o nada o caos o vazio
o salto entre o crer
e o criar

dorme, pequena
passa da hora
de manhã o céu espera, nublado
que você duble o sol
invente outro som pras buzinas
segure firme
não tremelique
a espinha

levantar e deitar, dobrar-se. a dobra do meio mais a próxima dobra
do meio. ir embora dobrada, desdobrar a conversa com a chegada.
ser junto. brindar as dobras dos dedos dos amigos artesãos. olhar as
dobras dos dedos das amigas sendo as mesmas que seguram o cigarro
as mesmas que enroscam a barriga da garrafa, tentam em vão segurar
a água, exceto pela gota equilibrista, em cima da articulação vergada.
lá faz morada, na gota, na mão, na dobra
o começo.

para
dar
a quem desejar

CONVITE

você está passando reto por um poema
posso te compreender

o que é um poema pra você?

se eu te convidar pra sentar aqui
não me importo se ficar de pé

quando o poema for lido
vai precisar mergulhar

você passa reto por um poema
porque poemas são _____
e o que se tem a perder?

um poema é um oceano
há perigos nele
sal também
bichos
profundeza
estrangeiro

você acha a praia chata?
e passeio de barco?
e se eu te pedisse: mergulha?

92   pode começar
        1 botando os dedos pela borda da embarcação na água
        2 molha um pouco a nuca os ombros
        3 sente o sol secar o sal nessas partes
        4 olha pra baixo pra água
        5 agora pro horizonte até onde o mar se estender
        6 vê a linha ligando o céu e o mar
        7 nem tudo que parece é

AGRADECIMENTOS

A quem acompanha meu processo de escrita, seja se interessando pelo que escrevo por encontrar espanto nisso, seja simplesmente por saber que ter relações com uma poeta inclui ler os poemas dela ou ouvi-los sendo recitados como parte do pacote. A quem nunca me viu pessoalmente mas quis observar meu corpo e seus gestos no papel. A quem compreendeu junto comigo que escrever poesia é um jeito de ser no mundo, a quem nunca entendeu isso pra si, mas me olha como quem me aceita como estou.

Aos meus gatos, aos bichos da rua que me olharam nos olhos ou cantaram mais alto do que o som da cidade e às plantas que os abrigam e são com eles.

A quem devo encontros, a quem encontrei sem nunca ter trocado palavra e jamais sabido o nome.

A quem está.

A quem esqueci de "pensar em" enquanto escrevia esse texto.

CARA LEITORA, CARO LEITOR

A **Cachalote** é um selo do grupo editorial **Aboio** criado em parceria com a **Lavoura Editorial.**

Lemos, selecionamos e editamos com muito cuidado e carinho cada um dos livros do nosso catálogo, buscando respeitar e favorecer o trabalho dos autores, de um lado, e entregar a vocês, leitores, uma experiência literária instigante.

Nada disso, portanto, faria sentido sem a confiança que os leitores depositam no nosso trabalho. E é por isso que convidamos vocês a fazerem cada vez mais parte do nosso oceano!

Todas as apoiadoras e apoiadores das pré-vendas da **Cachalote:**

— têm o nome impresso nos agradecimentos dos livros;
— recebem 10% de desconto para a próxima compra de qualquer título do grupo Aboio.

Conheçam nossos livros e autores pelos portais **cachalote.net** e **aboio.com.br** e siga nossos perfis nas redes sociais. Teremos prazer em dividir com vocês todos nossos projetos e novidades e, é claro, ouvir suas impressões para sempre aprendermos como melhorar!

Embarque e nade com a gente.

Cada livro é um mergulho que precisa emergir.

APOIADORAS E APOIADORES

Agradecemos às 160 pessoas que confiam e confiaram no trabalho feito pela equipe da **Cachalote**.

Sem vocês, este livro não seria o mesmo.

A todos os que escolheram mergulhar com a gente em busca de vozes diversas da literatura brasileira contemporânea, nosso abraço. E um convite: continuem acompanhando a **Cachalote** e conheçam nosso catálogo!

Adriane Figueira Batista
Alexander Hochiminh
Aline Amorim de Assis
Aline Bento de Oliveira
Allan Gomes de Lorena
André Balbo
André Costa Lucena
André Pimenta Mota
Andreas Chamorro
Andressa Anderson
Angelica Cristina do Amarante
Anthony Almeida
Antonio Pokrywiecki
Ariane Viana
Arthur Lungov

Bianca Monteiro Garcia
Caco Ishak
Caio Balaio
Caio Girão
Calebe Guerra
Camilo Gomide
Carina Carvalho
Carla Guerson
Cecília Garcia
Celia Cordeiro da Costa
Cintia Brasileiro
Claudia Regina Pereira Ribeiro
claudine delgado
Claudio Ferreira
Cleber da Silva Luz

Cristina Machado
Daiana Cristina Ferreira
Damaris Belchior Silva
Daniel Dago
Daniel Dourado
Daniel Giotti
Daniel Guinezi
Daniel Leite
Daniela Rosolen
Danilo Brandao
Denis Scaramussa
Denise Lucena Cavalcante
Dheyne de Souza
Dheyne de Souza Santos
Diogo Mizael Motta Teodoro
Eduardo Henrique Valmobida
Eduardo Rosal
Enzo Vignone
Fábio José da Silva Franco
Fabrício Henrique do Carmo
Febraro de Oliveira
Felipe Ramos de Carvalho Pinto
Fernanda Righetti
Flávia Braz
Flávio Ilha
Francesca Cricelli
Frederico Vieira de Souza

Gabo dos livros
Gabriel Cruz Lima
Gabriel Stroka Ceballos
Gabriela Machado Scafuri
Gael Rodrigues
Giselle Bohn
Gleice dos Santos Silva
Guilherme Belopede
Guilherme da Silva Braga
Gustavo Bechtold
Helder Newton
Henrique Emanuel
Henrique Lederman Barreto
Instituto Consulado da Mulher
Jadson Rocha
Jailton Moreira
Jefferson Dias
Jessica Ziegler de Andrade
Jheferson Neves
João Luís Nogueira
José Maria Soares
José Maria Soares
Júlia Cordova
Júlia Gamarano
Júlia Vita
Juliana Costa Cunha
Juliana Ribeiro Lourenço Silva

Juliana Schneider
Juliana Slatiner
Júlio César Bernardes Santos
Kamila Belchior Pinto Oliveira
Laís Araruna de Aquino
Laura Redfern Navarro
Leitor Albino
Leonardo Pinto Silva
Leonardo Zeine
Letícia Camilo da Conceição
Lili Buarque
Lolita Beretta
Lorenzo Cavalcante
Lucas Ferreira
Lucas Henrique de Souza
Lucas Lazzaretti
Lucas Lins
Lucas Verzola
Luciano Cavalcante Filho
Luciano Dutra
Luis Felipe Abreu
Luísa Guimarães
Luísa Machado
Luiza Leite Ferreira
Maíra Dal'Maz
Manoela Machado Scafuri
Mara Rúbia Martins de Novais

Marcela Roldão
Márcio dos Santos Leite Oliveira
Marco Bardelli
Marcos Vinícius Almeida
Marcos Vitor Prado de Góes
Maria Alice Zocchio
Maria F. V. de Almeida
Maria Inez Porto Queiroz
Maria Irmany de Sales Ribeiro
Maria Oliveira
Mariana Donner
Mariana Figueiredo Pereira
Marina Lourenço
Mateus Magalhães
Mateus Torres Penedo Naves
Matheus Picanço Nunes
Mauro Paz
Milena Martins Moura
Milene Moraes
Minska
Natalia Timerman
Natália Zuccala
Natan Schäfer
Otto Leopoldo Winck
Paula Fernanda Ferreira Franco
Paula Maria
Paulo Scott

Pedro Torreão

Pietro Augusto Gubel Portugal

Priscila Kerche

Rafael Mussolini Silvestre

Reginaldo Aparecido Pignatari

Ricardo Kaate Lima

Rodrigo Barreto de Menezes

Sergio Mello

Sérgio Porto

Thais Fernanda de Lorena

Thales de Morais

Thassio Gonçalves Ferreira

Thayná Facó

Thiago Rodrigues Batista

Tiago Moralles

Valdir Marte

Valéria Silva

Valeska Alves-Brinkmann

Vitória Heloisa Azevedo Santos

Weslley Silva Ferreira

Yvonne Miller

Zoë Naiman Rozenbaum

PUBLISHER Leopoldo Cavalcante

EDITOR-CHEFE André Balbo

REVISÃO Veneranda Fresconi

ASSISTÊNCIA EDITORIAL Nelson Nepomuceno

DIREÇÃO DE ARTE Luísa Machado

COMUNICAÇÃO Thayná Facó

COMERCIAL Marcela Roldão

PROJETO GRÁFICO Leopoldo Cavalcante

ILUSTRAÇÃO DA CAPA Ananda Muylaert

© da edição Cachalote, 2024
© do texto Samara Belchior, 2024
© do prefácio Dheyne de Souza, 2024
© da ilustração da capa Ananda Muylaert, 2024

Todos os direitos reservados. Nenhuma parte desta obra pode ser reproduzida, arquivada ou transmitida de nenhuma forma ou por nenhum meio sem a permissão expressa e por escrito da Aboio.

Grafia atualizada segundo o Acordo Ortográfico da Língua Portuguesa de 1990, que entrou em vigor no Brasil em 2009.

Dados Internacionais de Catalogação na Publicação (CIP)
Eliane de Freitas Leite — Bibliotecária — CRB-8/8415

Belchior, Samara
    Não tatuo nomes / Samara Belchior ; ilustração Ananda Muylaert. -- São Paulo : Cachalote, 2024.

    ISBN 978-65-83003-05-8

    1. Poesia brasileira I. Muylaert, Ananda. II. Título.

24-213884   CDD-B869.1

Índices para catálogo sistemático:
1. Poesia : Literatura brasileira

[2024]

Todos os direitos desta edição reservados à:
ABOIO EDITORA LTDA
São Paulo — SP
(11) 91580-3133
www.aboio.com.br
instagram.com/aboioeditora/
facebook.com/aboioeditora/

[Primeira edição, julho de 2024]

Esta obra foi composta em Adobe Garamond Pro.
O miolo está no papel Pólen® Natural 80g/m².
A tiragem desta edição foi de 150 exemplares.
Impressão pelas Gráficas Loyola (SP/SP)

A marca FSC® é a garantia de que a madeira utilizada na fabricação do papel deste livro provém de florestas que foram gerenciadas de maneira ambientalmente correta, socialmente justa e economicamente viável, além de outras fontes de origem controlada.